W0047237

Immer in Action, immer unterwegs: Das Leben bietet ein vielfältiges Programm. Büro, Schule, Kindergarten oder Freizeitaktivitäten – da muss Einiges mit. Viel Spaß in den Alltag bringen selbst genähte Taschen.

Lassen Sie sich inspirieren und wählen Sie aus fünfzehn praktischen Designs den passenden Begleiter für jede Unternehmung und jede Gelegenheit aus!

Ich wünsche Ihnen gutes Gelingen beim Nähen von „tausend und meine Tasche"!

Julia Korff

Einkaufstasche
Wow-Effekt für den Wochenmarkt

GRÖSSE

40 cm x 43 cm x 16 cm (ohne Träger)

MATERIAL

* Oberstoff 1: Beschichteter Baumwollstoff in Lila mit Punkten, 65 cm x 130 cm
* Oberstoff 2: Baumwollstoff in Blau mit Punkten, 24 cm x 130 cm
* Futterstoff: Baumwollstoff in Rosa mit Punkten, 65 cm x 130 cm
* Volumenvlies, 55 cm x 130 cm
* 4 Vierkantringe, ø (innen) 3,5 cm
* Paspelband in Rosa, 2,20 m

ZUSCHNITT

* Oberstoff 1:
  2x Schnittteil „Tasche oben"
  2x Schnittteil „Tasche unten"
  2x „Tasche Mitte", 11 cm x 61 cm
  2x Träger, 9 cm x 50 cm
* Oberstoff 2:
  2x Rüschenstreifen, 12 cm x 130 cm
* Futterstoff:
  2x Schnittteil „Tasche oben"
  2x Schnittteil „Tasche unten"
  2x „Tasche Mitte", 11 cm x 52 cm
* Volumenvlies:
  2x Schnittteil „Tasche oben"
  2x Schnittteil „Tasche unten"
  2x „Tasche Mitte", 11 cm x 61 cm

SCHNITTMUSTER-BOGEN 1A

1 Die Schnittteile zuschneiden und die Teile der Innentasche auf der linken Seite mit Volumenvlies verstärken.

2 Die Rüschenstreifen an der Oberkante und Unterkante mit dem längstmöglichen Heftstich entlang nähen. Die Fadenenden nicht vernähen und lang lassen, an diesen wird nun vorsichtig gezogen um die Rüschenstreifen auf eine Länge von 61 cm zu raffen. Die beiden Rüschenstreifen auf die Schnittteile „Tasche Mitte" des Oberstoffs legen und in der Nahtzugabe oben und unten längs feststeppen. Das Schnittteil „Tasche oben" und das Schnittteil „Tasche Mitte" mit den Rüschenstreifen rechts auf rechts legen, dazwischen Paspelband stecken und zusammensteppen. Aufklappen und von rechts absteppen. Anschließend das Schnittteil „Tasche unten" am Mittelteil feststeppen. Die Futterstoffteile der Innentasche werden nach dem gleichen Prinzip zusammengesetzt.

3 Für die Außentasche die beiden Taschenseiten rechts auf rechts legen und die Seiten sowie den Boden zusammennähen. Die beiden unteren ausgesparten Ecken bleiben noch offen. Nun die Tasche auseinanderziehen und die Seitennaht auf die Bodennaht legen, dabei werden die

Ecken so auseinandergezogen, dass nun zwei offene Kanten aufeinander liegen, die quer zusammengesteppt werden. Die Innentasche wird ebenso gearbeitet, hier muss jedoch an der Unterkante eine Wendeöffnung von 15 cm gelassen werden.

4 Beide Taschen rechts auf rechts ineinander stecken, die Oberkante rundherum zusammennähen, dabei langsam die Rundungen und Träger nähen. Die Nahtzugabe vorsichtig einkürzen, die Ecken schräg zurückschneiden und die Taschen durch die Wendeöffnung wenden. Die Oberkante gut bügeln und knappkantig absteppen. Die Wendeöffnung schließen.

5 Die Vierkantringe in die Trägerenden einfädeln, diese 3 cm nach innen klappen und quer zusammensteppen, sodass die Vierkantringe festsitzen.

6 Je einen Träger längs mittig rechts auf rechts falten und rundherum zusammennähen, an der langen Seite bleibt eine Wendeöffnung. Anschließend wenden, bügeln und knappkantig längs rechts und links die Seiten absteppen, dabei wird die Wendeöffnung geschlossen. Die Träger werden in die Vierkantringe eingefädelt, 3 cm nach innen umgeschlagen und von außen quer zusammengesteppt.

Flugscheindetails & Reiseinformati...

Reisedaten für:
Meilennummer & Meilen-Nummer:
Ticketnummer:
"Own Passenger Receipt (Rückse...
LH0XXXXXXXXXXXX73...

Ihre Fr...

Vergißmeinnicht · Vergißmeinnicht · Vergißmeinnicht · Vergißmeinnicht · Ver...

Reiseunterlagen-Etui

prima vorbereitet in den Familienurlaub

GRÖSSE
12 cm x 23 cm

MATERIAL
* Oberstoff und Futterstoff:
  Baumwollstoff in Hellblau
  mit Blumen, 15 cm x 100 cm
* Baumwollstoff in Braun mit
  zitronengelben Kreisen,
  12 cm x 24 cm
* Vlieseline, 30 cm x 70 cm
* Webband mit Schriftzug „Vergiss-
  meinnicht", 30 cm lang
* Paspelband in Braun, 85 cm lang
* Endlos-Reißverschluss in Beige
  plus Zipper, 30 cm lang
* magnetischer Taschenverschluss,
  ø 1,4 cm

ZUSCHNITT
* Oberstoff und Futterstoff:
  4x Tasche, 14 cm x 25 cm
  2x Schnittteil „Lasche"
* Vlieseline:
  2x Tasche, 14 cm x 25 cm
  1x Schnittteil „Lasche"

**SCHNITTMUSTER-
BOGEN 1A**

1 Die Schnittteile zuschneiden und die Teile der Außentasche sowie die Vorderseite der Lasche auf der linken Seite mit Vlieseline verstärken. Das Webband sowie das Paspelband oberhalb und unterhalb des Webbandes, wie auf dem Foto zu sehen, aufsteppen. Den magnetischen Taschenverschluss nach Herstelleranleitung gemäß Markierung am Schnittteil „Lasche" anbringen. Dabei ist das flache Teil an die Innenseite der Lasche anzubringen und das dickere Teil mittig, mit einem Abstand von 6 cm zur Oberkante, an die Vorderseite der Außentasche.

2 Beide Laschenteile rechts auf rechts legen, dazwischen das Paspelband stecken und zusammensteppen. Die gerade Seite bleibt offen. Die Nahtzugabe einkürzen, wenden, bügeln und die Lasche knappkantig von rechts absteppen. Die Lasche rechts auf rechts mittig und bündig an die Oberkante der Rückseite der Außentasche legen, die Laschenrundung zeigt dabei nach unten, der magnetische Taschenverschluss liegt oben, und knappkantig in der Nahtzugabe feststeppen.

3 Jeweils ein Außentaschenteil und ein Innentaschenteil rechts auf rechts legen, dazwischen wird an die Oberkante der Reißverschluss gesteckt. Er liegt mit dem Zipper auf dem Außentaschenteil und wird von den beiden Taschenteilen verdeckt. Die Teile an der Oberkante zusammensteppen, rechts und links je 1 cm offen lassen. Die Taschenteile zurückklappen und von rechts absteppen, auch hier je 1 cm rechts und links offen lassen. Anschließend die zweite Seite des Reißverschlusses auf gleiche Weise an den übrigen beiden Taschenteilen feststeppen und von rechts absteppen.

4 Die Taschenteile auseinanderziehen, sodass die Teile der Außentasche aufeinander liegen und die Teile der Innentasche ebenso. In einem Zug rundherum die Seiten der Innen- und der Außentasche zusammennähen, dabei an der Innentasche eine Wendeöffnung lassen. Der Reißverschluss muss dabei geöffnet sein!

5 Die Tasche durch die Wendeöffnung wenden und diese schließen.

Brotzeittasche

mit fröhlichen Wimpeln in den Kindergarten

GRÖSSE
22 cm x 19 cm x 10 cm (ohne Träger)

MATERIAL
* Oberstoff: Feincordstoff in Blau, 35 cm x 70 cm
* Futterstoff: Baumwollstoff in Blau mit Achtecken, 60 cm x 70 cm
* Vlieseline, 60 cm x 70 cm
* Vichykaro-Baumwollstoff in Blau und Rot, Reste
* magnetischer Taschenverschluss, ø 1,4 cm
* Gurtband in Rot, 50 cm lang
* Applikationsvlies, 12 cm x 12 cm
* Webband in Rot-Weiß, 70 cm lang
* Webband in Blau und Rot mit Sternchen, Rest

ZUSCHNITT
* Oberstoff:
  2x Schnittteil „Tasche"
* Futterstoff:
  2x Schnittteil „Tasche"
  2x Schnittteil „Klappe"
* Vlieseline:
  2x Schnittteil „Tasche"
  1x Schnittteil „Klappe"
  8x Schnittteil „Wimpel"
* Reste Vichykaro:
  16x Schnittteil „Wimpel"
  Applikation Segelboot

SCHNITTMUSTER-BOGEN 1B

1 Die Schnittteile zuschneiden und die Teile der Außentasche sowie die spätere Außenseite der Klappe und acht Wimpel auf der linken Seite mit Vlieseline verstärken. Den magnetischen Taschenverschluss nach Herstelleranleitung gemäß Markierung an der Innenseite der Klappe befestigen. Das rot-weiße Webband auf die Außentaschen-Schnittteile aufsteppen. Die Teile des Segelbootes mithilfe des Applikationsvlieses auf der Klappe fixieren und die Teile mit einem sehr engen Zickzackstich applizieren.

2 Für die Außentasche die verstärkten Schnittteile „Tasche" rechts auf rechts legen und die Seiten sowie den Boden zusammennähen. Die beiden unteren ausgesparten Ecken bleiben noch offen. Nun die Tasche auseinanderziehen und die Seitennaht auf die Bodennaht legen, dabei werden die Ecken so auseinandergezogen, dass nun zwei offene Kanten aufeinander liegen, die quer zusammengesteppt werden. Die Innentasche wird ebenso gearbeitet, hier muss jedoch an der Unterkante eine Wendeöffnung von 12 cm belassen werden.

3 Die Wimpel jeweils rechts auf rechts legen und zusammensteppen, die Oberkante bleibt offen. Nahtzugabe einkürzen und die Wimpel wenden, bügeln und von rechts knappkantig absteppen. Die Wimpel rechts auf rechts von Markierung zu Markierung auf die Vorderseite der Klappe legen. Die Spit-

zen der Wimpel zeigen zueinander, sie können ein ganz klein wenig an der Oberkante überlappen. Die Wimpel in der Nahtzugabe fixieren, sodass sie nicht verrutschen können.

4 Beide Klappenteile rechts auf rechts legen und zusammensteppen. Die Oberkante bleibt offen. Die Nahtzugabe vorsichtig einkürzen, wenden, bügeln und die Klappe knappkantig von rechts absteppen. Die Klappe mittig und bündig an der Oberkante der hinteren Außentasche in der Nahtzugabe fixieren. Die Klappe liegt dabei mit der späteren Außenseite (Segelboot-Applikation) auf der Außenseite der Außentasche, der magnetische Taschenverschluss zeigt nach oben. Das Gurtband ebenfalls an den Seiten der Nahtzugabe fixieren.

5 Beide Taschen rechts auf rechts ineinander stecken, die Klappe und das Gurtband liegen dabei innen zwischen den Taschen. Die Oberkante rundherum zusammennähen. Die Nahtzugabe vorsichtig einkürzen und die Taschen durch die Wendeöffnung wenden. Die Oberkante gut bügeln und knappkantig absteppen, dabei die Klappe und das Gurtband nicht mit absteppen.

6 Das Gegenstück des magnetischen Taschenverschlusses durch die Wendeöffnung an der passenden Stelle befestigen, dazu vorher testweise die Klappe schließen und die richtige Stelle markieren. Die Wendeöffnung schließen.

Getränkeflaschenhalter
für Buggys, Fahrräder oder Schulranzen

GRÖSSE

14 cm x 8 cm x 8 cm (ohne Halter)

MATERIAL

* Oberstoff: Baumwollstoff mit Ornamenten in Gelb, Rosa und Orange, 35 cm x 35 cm
* Futterstoff: Baumwollstoff mit Streifen in Gelb, Rosa und Orange, 35 cm x 55 cm
* Vlieseline, 35 cm x 35 cm
* Volumenvlies, 35 cm x 25 cm
* Druckknopf in Rosa

ZUSCHNITT

* Oberstoff:
  1x Tasche, 27 cm x 16 cm
  1x Schnittteil „Boden"
* Futterstoff:
  1x Tasche, 27 cm x 16 cm
  1x Schnittteil „Boden"
  1x Halter, 6 cm x 33 cm
* Vlieseline:
  1x Tasche, 27 cm x 16 cm
  1x Schnittteil „Boden"
  1x Halter, 6 cm x 33 cm
* Volumenvlies:
  1x Tasche, 27 cm x 16 cm
  1x Schnittteil „Boden"

SCHNITTMUSTER-BOGEN 1A

1 Die Schnittteile zuschneiden und die Teile der Außentasche sowie den Halter auf der linken Seite mit Vlieseline verstärken. Die Schnittteile der Innentasche von links mit Volumenvlies verstärken.

2 Für die Außentasche das Schnittteil „Tasche" mittig rechts auf rechts legen und die Seite schließen. Den Boden rechts auf rechts an der Tasche feststecken und zusammennähen, dabei die Nahtzugabe von 1 cm beachten (für weitere Tricks, die das Annähen des Bodens erleichtern, siehe TOPP-Tipps). Die Innentasche wird ebenso gearbeitet, hier muss jedoch an der Seite eine Wendeöffnung von 8 cm gelassen werden.

3 Den Halter längs mittig rechts auf rechts legen und die lange Seite sowie eine kurze Seite zusammennähen. Durch die offene kurze Seite wenden (am besten mit einer Sicherheitsnadel), bügeln und die Seiten knappkantig längs rechts und links absteppen. Den Halter mit der offenen Seite an der Seitennaht der Außentaschen-Oberkante von rechts in der Nahtzugabe fixieren, damit er beim Zusammennähen der Innen- und Außentasche nicht verrutscht.

4 Beide Taschen rechts auf rechts ineinander stecken, der Halter liegt dabei innen zwischen den Taschen, die Oberkante rundherum zusammennähen. Die Nahtzugabe vorsichtig einkürzen und die Taschen durch die Wendeöffnung wenden. Die Oberkante gut bügeln und knappkantig absteppen, dabei den Halter aussparen. Anschließend die Wendeöffnung schließen.

5 Gegenüberliegend des Halters von außen an der Oberkante der Tasche einen Druckknopf befestigen, das Gegenstück des Druckknopfes am Halter befestigen.

Strandtasche

Fisch am Haken!

GRÖSSE

35 cm x 30 cm (ohne Träger)

MATERIAL

* Oberstoff und Futterstoff:
  Baumwollstoff in Aquamarin-
  blau mit Muster, 80 cm x 80 cm
* Vlieseline, 80 cm x 35 cm
* Volumenvlies, 80 cm x 35 cm
* Gurtband, 3 cm breit, 1,20 m
  lang (2x 10 cm, 1x 1 m lang)
* 2 D-Ringe, ø 3 cm
* 2 Haken, ø 3 cm
* Webband mit Fischen,
  1,40 m lang
* Webband mit Sternchen,
  60 cm lang
* Rest Filz in Weiß
* Knopf in Schwarz

ZUSCHNITT

* Oberstoff und Futterstoff:
  4x Schnittteil „Körper"
  2x Schnittteil „Schwanzflosse"
  2x Schnittteil „Flosse"
* Vlieseline:
  2x Schnittteil „Körper"
  2x Schnittteil „Flosse"
* Volumenvlies:
  2x Schnittteil „Körper"
  2x Schnittteil „Schwanzflosse"
* Filz in Weiß:
  1x Schnittteil „Applikation
  Auge"

**SCHNITTMUSTER-
BOGEN 2B**

1 Die Schnittteile zuschneiden und die Teile der Außentasche sowie die Flosse auf der linken Seite mit Vlieseline verstärken. Die Schnittteile der Innentasche und die Schwanzflosse mit Volumenvlies von links verstärken. Das Webband mit Sternen gemäß Foto aufsteppen, ebenso das Filzstück kreisförmig zuschneiden und als Auge aufsteppen, darauf den Knopf festnähen.

2 Beide Flossenteile rechts auf rechts legen und zusammensteppen. Die kurze gerade Seite bleibt offen. Die Nahtzugabe einkürzen, wenden, bügeln und knappkantig von rechts die Flosse absteppen. Die Flosse rechts auf rechts gemäß Markierung auf die Vorderseite legen, die Flosse zeigt dabei mit der Spitze zum „Maul", und knappkantig feststeppen. Die Flosse nach rechts klappen und von rechts knapp neben der Steppnaht feststeppen, sodass die Nahtzugabe darunter verschwindet.

3 Die Teile der Schwanzflosse rechts auf rechts legen und rundherum zusammensteppen. Die gerade Seite bleibt offen. Nahtzugabe einkürzen, wenden und bügeln. Die Schwanzflosse auf die Vorderseite der Außentasche gemäß Markierung stecken, die Schwanzflosse zeigt dabei zum „Maul", und in der Nahtzugabe mit einigen Stichen fixieren.

4 Die beiden 10 cm langen Gurtbandstücke mittig legen, jeweils den D-Ring einfädeln und mittig am „Maul" auf jeder Seite in der Nahtzugabe fixieren.

5 Die Teile der Außentasche rechts auf rechts aufeinander stecken, dabei die Schwanzflosse evtl. mit einigen Nadeln zusammenstecken, damit sie nicht mit festgesteppt wird und die Tasche von Markierung zu Markierung zusammensteppen. Die Innentasche ebenso nähen, hier bleibt an einer Seite jedoch eine Wendeöffnung von 12 cm.

6 Beide Taschen rechts auf rechts ineinander stecken, das Gurtband und die Flosse liegen dabei innen zwischen den Taschen, die offene Oberkante (das „Maul") rundherum zusammennähen. Durch die Wendeöffnung wenden, diese schließen. Das „Maul" gut bügeln und rundherum knappkantig absteppen.

7 Das Webband mit Fischen auf das 1 m lange Gurtbandstück steppen, die Haken einfädeln und die Enden des Gurtbands feststeppen. Haken in die D-Ringe fädeln.

Windeltasche

praktisch für unterwegs

GRÖSSE
22 cm x 12 cm x 6 cm

MATERIAL
* Oberstoff und Futterstoff: Baumwollstoff in Türkis mit Blumen, 50 cm x 100 cm
* Vlieseline, 30 cm x 65 cm
* Zackenlitze in Lila, 48 cm lang
* Klettband, 4 cm lang
* Baumwollstoff in Lila mit Punkten, Rest
* Knopf in Rosa

ZUSCHNITT
* Oberstoff und Futterstoff: 4x Schnittteil „Tasche" 2x Schnittteil „Lasche"
* Vlieseline: 2x Schnittteil „Tasche" 1x Schnittteil „Lasche"
* Rest Baumwollstoff: 1x Schnittteil „Jojo"

SCHNITTMUSTER-BOGEN 2B

1 Die Schnittteile zuschneiden und die Teile der Außentasche sowie die spätere Außenseite der Lasche auf der linken Seite mit Vlieseline verstärken. Das Stück Kletthakenband gemäß Markierung an der Vorderseite der Außentasche aufsteppen.

2 Für die Außentasche die verstärkten Schnittteile „Tasche" rechts auf rechts legen und die Seiten sowie den Boden zusammennähen. Die beiden unteren ausgesparten Ecken bleiben noch offen. Nun die Tasche auseinanderziehen und die Seitennaht auf die Bodennaht legen, dabei werden die Ecken so auseinandergezogen, dass nun zwei offene Kanten aufeinander liegen, die quer zusammengesteppt werden. Die Innentasche wird ebenso gearbeitet, hier muss jedoch an einer Seitenkante eine Wendeöffnung von 8 cm gelassen werden.

3 Für die Lasche wird das Stück Klettflauschband auf dem später innenliegenden Teil gemäß Markierung festgesteppt. Beide Laschenteile rechts auf rechts legen, dazwischen Zackenlitze stecken und

zusammensteppen. Die kurze gerade Seite bleibt offen. Die Nahtzugabe einkürzen, wenden, bügeln und knappkantig von rechts die Lasche absteppen. Die Lasche mittig und bündig an der Oberkante der hinteren Außentasche in der Nahtzugabe fixieren. Die Lasche liegt dabei mit der späteren Außenseite auf der Außenseite der Außentasche, der Klettverschluss zeigt nach oben.

4 Beide Taschen rechts auf rechts ineinander stecken, die Lasche liegt dabei innen zwischen den Taschen. Die Oberkante rundherum zusammennähen. Die Nahtzugabe vorsichtig einkürzen und die Taschen durch die Wendeöffnung wenden. Die Oberkante gut bügeln und knappkantig absteppen, dabei die Lasche nicht mit absteppen. Die Wendeöffnung schließen.

5 Für das Jojo den Stoffkreis rundherum entlang der Außenkante mit langen Heftstichen versehen. Vorsichtig am Faden ziehen und das Jojo zusammenziehen, sodass sich die typische Form ergibt. Die Fadenenden gut verknoten und das Jojo mit einem Knopf auf die Lasche nähen.

Stiftemäppchen

mit Geodreieck-Fach

GRÖSSE
12 cm x 23 cm

MATERIAL
* Oberstoff und Futterstoff:
  Baumwollstoff in Grün-Weiß
  gestreift, 30 cm x 90 cm
* Webband mit Bäumen,
  30 cm lang
* Endlos-Reißverschluss in
  Petrol plus Zipper, 30 cm lang
* Nähgarn in Petrol
* Druckknopf in Petrol

ZUSCHNITT
* Oberstoff und Futterstoff:
  4x Schnittteil „Tasche"
  1x Schnittteil „Geodreieckfach"
  2x Schnittteil „Lasche"
* Vlieseline:
  2x Schnittteil „Tasche"
  1x Schnittteil „Lasche"
  1x Schnittteil „Geodreieckfach"
  (nicht im Stoffbruch)

**SCHNITTMUSTER-
BOGEN 2A**

1 Die Schnittteile zuschneiden und die Teile der Außentasche sowie die Vorderseite der Lasche und eine Hälfte des Geodreieckfachs auf der linken Seite mit Vlieseline verstärken. Das Geodreieckfach längs mittig links auf links falten, die verstärkte Seite zeigt nach vorne. Das Webband wie auf dem Foto zu sehen aufsteppen.

2 Das Geodreieckfach auf die Vorderseite der Außentasche legen und gemäß Markierung feststeppen. Beide Laschenteile rechts auf rechts legen und zusammensteppen. Die kurze gerade Seite bleibt offen. Die Nahtzugabe einkürzen, wenden, bügeln und knappkantig von rechts die Lasche absteppen. Die Lasche rechts auf rechts gemäß Markierung auf die Vorderseite legen, die Lasche zeigt dabei nach oben, und knappkantig feststeppen. Die Lasche nach unten klappen und von rechts knapp unterhalb der Steppnaht feststeppen, sodass die Nahtzugabe darunter verschwindet.

3 Jeweils ein Außentaschenteil und ein Innentaschenteil rechts auf rechts legen, dazwischen wird an die Oberkante der Reißverschluss gesteckt. Er liegt mit dem Zipper auf dem Außentaschenteil und wird von den beiden Taschenteilen verdeckt. Die drei Teile an der Oberkante zusammensteppen, rechts und links je 1 cm offen lassen. Die Taschenteile zurückklappen und von rechts absteppen, auch hier je 1 cm rechts und links offen lassen. Anschließend die zweite Seite des Reißverschlusses auf gleiche Weise an den übrigen beiden Taschenteilen feststeppen und von rechts absteppen.

4 Die Taschenteile auseinanderziehen, sodass die Teile der Außentasche aufeinander liegen und die Teile der Innentasche ebenso. In einem Zug rundherum die Seiten der Innen- und der Außentasche zusammennähen, dabei an der Innentasche eine Wendeöffnung lassen. Der Reißverschluss muss dabei geöffnet sein!

5 Die Tasche durch die Wendeöffnung wenden und diese schließen. Druckknopf an Lasche und Geodreieckfach anbringen.

Kleine Tragetasche
für die Lieblingsspielsachen

GRÖSSE

14 cm x 25 cm x 16 cm (ohne Träger)

MATERIAL

* Oberstoff und Futterstoff: Baumwollstoff in Türkis mit Ornamenten, 55 cm x 100 cm
* Baumwollstoff in Rosa mit Blumen, 35 cm x 100 cm
* Vlieseline, 35 cm x 100 cm
* Volumenvlies, 25 cm x 100 cm
* Applikationsvlies, 12 cm x 12 cm

ZUSCHNITT

* Oberstoff und Futterstoff: 4x Schnittteil „Tasche"
* Baumwollstoff in Rosa: 2x Träger, 8 cm x 50 cm 2x Rüschenstreifen, 7 cm x 100 cm 1x Schnittteil „Herz"
* Vlieseline: 2x Schnittteil „Tasche" 1x Träger, 8 cm x 50 cm
* Volumenvlies: 2x Schnittteil „Tasche"

SCHNITTMUSTER-BOGEN 2B

1 Die Schnittteile zuschneiden und die Teile der Außentasche sowie die Träger auf der linken Seite mit Vlieseline verstärken. Die Schnittteile der Innentasche werden mit Volumenvlies von links verstärkt. Das Herz mithilfe des Applikationsvlieses auf die Außentasche applizieren.

2 Für die Außentasche die verstärkten Schnittteile „Tasche" rechts auf rechts legen und die Seiten sowie den Boden zusammennähen. Die beiden unteren ausgesparten Ecken bleiben noch offen. Nun die Tasche auseinanderziehen und die Seitennaht auf die Bodennaht legen, dabei werden die Ecken so auseinandergezogen, dass nun zwei offene Kanten aufeinander liegen, die quer zusammengesteppt werden. Die Innentasche wird ebenso gearbeitet, hier muss jedoch an der Unterkante eine Wendeöffnung von 12 cm gelassen werden.

3 Je einen Träger längs mittig rechts auf rechts falten und die lange Seite zusammennähen; anschließend wenden, bügeln und knappkantig längs rechts und links die Seiten absteppen. Die Träger werden an

der Innentasche auf der rechten Seite gemäß Markierung fixiert, damit sie beim Zusammennähen der Innen- und Außentasche nicht verrutschen.

4 Für die Rüschenkante die Rüschenstreifen rechts auf rechts legen und die kurzen Seiten zusammensteppen, sodass ein Ring entsteht. Den Ring links auf links falten und die offenen Kanten knappkantig mit dem längstmöglichen Heftstich zusammennähen. Die Fadenenden nicht vernähen und lang lassen, an diesen wird nun vorsichtig gezogen, um den Ring auf einen Umfang von 86 cm zu raffen. Den Ring mit der gerafften Naht bündig an der Oberkante der Außentasche feststecken und in der Nahtzugabe fixieren.

5 Beide Taschen rechts auf rechts ineinander stecken, die Träger und die Rüschen liegen dabei innen zwischen den Taschen. Die Oberkante rundherum zusammennähen. Die Nahtzugabe vorsichtig einkürzen und die Taschen durch die Wendeöffnung wenden. Die Oberkante gut bügeln und knappkantig absteppen. Die Wendeöffnung schließen.

> **Mein Tipp für Sie**
>
> **Stoffdesign** Suchen Sie nach Motivstoffen passend zu den Spielsachen Ihrer Kinder. Nähen Sie daraus verschiedene Spielzeugtaschen, z. B. eine für Autos, eine für das Sandkastenspielzeug, eine für Kuscheltiere usw.

Banane-to-go-Tasche

frecher Hingucker in Gelb

1 Die Schnittteile zuschneiden und auf die Vorderseite der Außentasche das Webband steppen.

2 Jeweils ein Außentaschenteil und ein Innentaschenteil rechts auf rechts legen, dazwischen wird an die Oberkante der Reißverschluss gesteckt. Er liegt mit dem Zipper auf dem Außentaschenteil und wird von den beiden Taschenteilen verdeckt. Die drei Teile an der Oberkante zusammensteppen, rechts und links je 1 cm offen lassen. Die Taschenteile zurückklappen und von rechts absteppen, auch hier je 1 cm rechts und links offen lassen. Anschließend die zweite Seite des Reißverschlusses auf gleiche Weise an den übrigen beiden Taschenteilen feststeppen und von rechts absteppen.

3 Die Taschenteile auseinanderziehen, sodass die Teile der Außentasche aufeinander liegen und die Teile der Innentasche ebenso. In einem Zug rundherum die Seiten der Innen- und der Außentasche zusammennähen, dabei an der Innentasche eine Wendeöffnung lassen. Der Reißverschluss muss dabei geöffnet sein!

4 Die Tasche durch die Wendeöffnung wenden und diese schließen.

GRÖSSE
32 cm x 28 cm

MATERIAL
* Oberstoff und Futterstoff: Wachstuch in Gelb mit weißen Kreisen, 35 cm x 130 cm
* Webband mit Eichhörnchen, 30 cm lang
* Endlos-Reißverschluss in Petrol plus Zipper, 40 cm lang

ZUSCHNITT
* Oberstoff und Futterstoff:
4x Schnittteil „Tasche"

SCHNITTMUSTERBOGEN 1A

Picknickdecke zum Zuziehen

für Ausflüge ins Grüne

1 Um einen gleichmäßigen Kreis zuzuschneiden, wird an ein Band auf der einen Seite eine Nadel und auf der anderen Seite ein Stift geknotet. Zwischen Stift und Nadel sollte das Band exakt 65 cm Länge haben. Die Nadel wird nun mittig in das Wachstuch gesteckt, das Band gespannt und mit dem Stift ähnlich wie bei einem Zirkel rundherum ein Kreis gezeichnet. Der ausgeschnittene Wachstuchkreis kann dann als Schablone auf das Fleece gelegt werden.

2 Beide Schnittteile rechts auf rechts stecken und rundherum zusammennähen. An einer Seite eine Wendeöffnung von 15 cm lassen. Nahtzugabe einkürzen, wenden, vorsichtig auf niedriger Temperatur und einem übergelegten Baumwolltuch bügeln und rundherum knappkantig absteppen, dabei wird die Wendeöffnung mitgeschlossen.

3 Rundherum mit gleichem Abstand nach Herstelleranleitung die Ösen einschlagen. Das Seil hindurchziehen und die Enden verknoten.

GRÖSSE
ø 1,30 m

MATERIAL
* Oberstoff: Wachstuch in Retro-Design mit Eichhörnchen, 1,40 m x 1,40 m
* Futterstoff: Fleece in Rosa, 1,40 m x 1,40 m
* Seil, 1 cm stark, 4,20 m lang
* 12 Ösen zum Einschlagen, ø 1,4 cm
* Band, ca. 70 cm lang
* Nadel
* Stift

ZUSCHNITT
* Oberstoff:
  1x Kreis, ø 1,30 m
* Futterstoff:
  1x Kreis, ø 1,30 m

19

Kuchentasche

Kuchen und Quiche sicher transportieren

GRÖSSE

11 cm x 30 cm x 30 cm (ohne Träger; für Springformen oder Quiche-Formen bis ø 30 cm)

MATERIAL

* Oberstoff 1 und Futterstoff: Wachstuch in Hellblau mit rosaroten Blumen, 70 cm x 135 cm

* Oberstoff 2: Baumwollstoff in Pink mit Punkten, 50 cm x 100 cm

* Vlieseline, 35 cm x 135 cm

* Volumenvlies, 35 cm x 135 cm

* Gummikordel, 1 m lang

* Kordelstopper in Rosa

ZUSCHNITT

* Oberstoff 1 und Futterstoff: 2x Tasche, 96 cm x 12 cm 2x Schnittteil „Boden"

* Oberstoff 2: 1x Schnittteil „Tuch" 2x Träger, 8 cm x 50 cm

* Vlieseline: 1x Tasche, 96 cm x 12 cm 1x Schnittteil „Boden" 2x Träger, 8 cm x 50 cm

* Volumenvlies: 1x Tasche, 96 cm x 12 cm 1x Schnittteil „Boden"

SCHNITTMUSTER-BOGEN 1A+2B

1 Die Schnittteile zuschneiden und die Teile der Außentasche aus Oberstoff 1 sowie die Träger auf der linken Seite mit Vlieseline verstärken. Die Schnittteile der Innentasche aus Oberstoff 1 mit Volumenvlies von links verstärken.

2 Für die Außentasche das Schnittteil „Tasche" mittig rechts auf rechts legen und die Seite schließen. Den Boden rechts auf rechts an der Tasche mit Klammern befestigen – Stecknadeln würden das Material zerstechen – und zusammennähen, dabei die Nahtzugabe von 1 cm beachten (für weitere Tricks, die das Annähen des Bodens erleichtern, siehe TOPP-Tipps). Die Innentasche wird ebenso gearbeitet.

3 Die Träger längs mittig rechts auf rechts legen und die lange Seite zusammennähen; anschließend wenden, bügeln und knappkantig längs rechts und links die Seiten absteppen. Die Träger werden an der Außentasche auf der rechten Seite an der Oberkante fixiert, damit sie beim Zusammennähen der Innen- und Außentasche nicht verrutschen. Dazu den ersten Träger mit den offenen Seiten bündig mit der Oberkante rechts und links, mit einem Abstand von jeweils 2 cm zur Seitennaht, in der Nahtzugabe feststeppen. Exakt gegenüberliegend den zweiten Träger anbringen.

4 Das Tuch aus Oberstoff 2 wird zunächst an den kurzen Seitenkanten versäubert, anschließend rechts auf rechts gelegt und an der Seitenkante zu einem Schlauch zusammengenäht. Dabei bleibt die Markierung von 3 cm Länge offen, die Enden der Nähte jeweils mit einigen Stichen verriegeln. Die Nahtzugabe auseinanderbügeln und auf der rechten Seite jeweils links und rechts der Seitennaht absteppen. Den Schlauch längs mittig links auf links legen und rundherum mit einem Abstand von 1,5 cm zur Oberkante einen Tunnelzug nähen. Das Tuch wird nun mit der offenen Seite von rechts an der Innentaschen-Oberkante in der Nahtzugabe fixiert.

5 Beide Taschen rechts auf rechts ineinander stecken, die Träger sowie das Tuch aus Oberstoff 1 liegen dabei innen zwischen den Taschen, die Oberkante rundherum zusammennähen, eine Wendeöffnung von 10 cm lassen. Die Nahtzugabe vorsichtig einkürzen, nicht jedoch an der Wendeöffnung, und die Taschen durch die Wendeöffnung wenden. Die Oberkante gut bügeln und knappkantig absteppen, dabei die Wendeöffnung schließen. Das Tuch und die Träger werden nicht mit abgesteppt.

6 Die Gummikordel mithilfe einer Sicherheitsnadel in den Tunnelzug des Tuchs einziehen und auf die Enden den Kordelstopper fädeln. Die Enden gut verknoten.

Lunchbeutel
farbenfroh in die Mittagspause

GRÖSSE
28 cm x 18 cm x 10 cm
(ohne Träger)

MATERIAL
* Oberstoff und Futterstoff:
  Wachstuch in Gelb
  mit weißen Kreisen,
  50 cm x 130 cm
* Webband mit Eichhörn-
  chen, 1 m lang
* Endlos-Reißverschluss
  in Petrol plus Zipper,
  35 cm lang
* Schlüsselanhänger-
  Rohling mit Schlüsselring
* 2 Ösen, ø 1 cm
* Nähgarn in Petrol

ZUSCHNITT
* Oberstoff und Futterstoff:
  4x Schnittteil „Tasche"
  1x Träger, 8 cm x 32 cm

**SCHNITTMUSTER-
BOGEN 2A**

1 Die Schnittteile zuschneiden und den Schriftzug mit einem wasserfesten Stift auf die Vorderseite der Außentasche über-tragen, anschließend dreimal mit der Näh-maschine in petrolfarbenem Garn nach-steppen. Knapp unterhalb des Schriftzugs das Webband aufsteppen. An der Oberkan-te der Rückseite das Webband auf dem Kopf stehend aufsteppen, die Oberkante wird später umgeklappt, dann ist das Web-band vorne richtig herum zu sehen.

2 Jeweils ein Außentaschenteil und ein Innentaschenteil rechts auf rechts legen, dazwischen wird an die Oberkante der Reißverschluss gesteckt. Er liegt mit dem Zipper auf dem Außentaschenteil und wird von den beiden Taschenteilen ver-deckt. Die drei Teile an der Oberkante zu-sammensteppen, rechts und links je 1 cm offen lassen. Die Taschenteile zurückklap-pen und von rechts absteppen, auch hier je 1 cm rechts und links offen lassen. An-schließend die zweite Seite des Reißver-schlusses auf gleiche Weise an den übri-gen beiden Taschenteilen feststeppen und von rechts absteppen.

3 Die Taschenteile auseinanderziehen, sodass die Teile der Außentasche aufein-ander liegen und die Teile der Innentasche ebenso. Der Reißverschluss muss dabei ge-öffnet sein! In einem Zug die Seiten der Innen- und der Außentasche zusammen-nähen, anschließend den Boden der Au-ßentasche schließen. An der Bodennaht der Innentasche muss eine Wendeöffnung von 10 cm gelassen werden. Die vier aus-gesparten Ecken bleiben noch offen. Nun die Tasche auseinanderziehen und jeweils die Seitennaht auf die Bodennaht legen, dabei werden die Ecken so auseinander-gezogen, dass nun zwei offene Kanten aufeinander liegen, die quer zusammen-gesteppt werden. Mit allen vier Ecken auf diese Weise verfahren. Die Tasche durch die Wendeöffnung wenden und diese schließen.

4 Den Träger längs mittig rechts auf rechts falten und die lange Seite zusam-mennähen; anschließend wenden, bügeln und das Webband aufsteppen. Die kurzen Seitenkanten sauber begradigen und even-tuelle Fäden abschneiden, anschließend den Schlüsselanhänger-Rohling mit einer Zange befestigen.

5 An den markierten Stellen nach Her-stelleranleitung je eine Öse in Vorder- und Rückseite der Tasche einschlagen und den Schlüsselring durch beide Ösen fädeln. In den Schlüsselring den Träger mit Schlüssel-anhänger ziehen.

Zarte Pastelltöne harmonie-
ren perfekt mit dem satten
Grün frischer Küchenkräuter.

Kräuter-Täschchen

frisches Grün zum Aufhängen

GRÖSSE
12 cm x 13 cm x 13 cm

MATERIAL
* Oberstoff und Futterstoff:
  Wachstuch in Rosa mit Blu-
  men, 20 cm x 120 cm
* Vlieseline, 20 cm x 60 cm
* 3 Ösen, ø 4 mm
* Webband in Petrol, 40 cm lang
* 3 Bänder zum Aufhängen in
  Rosa, 3 mm breit, 60 cm lang

ZUSCHNITT
* Oberstoff und Futterstoff:
  2x Schnittteil „Tasche"
  2x Schnittteil „Boden"
* Vlieseline:
  1x Schnittteil „Tasche"
  1x Schnittteil „Boden"

**SCHNITTMUSTER-
BOGEN 1A**

1 Die Schnittteile zuschneiden und
die Teile der Außentasche auf der linken Seite mit Vlieseline verstärken.
Das petrolfarbene Webband aufnähen.

2 Für die Außentasche das Schnittteil
„Tasche" am Stoffbruch rechts auf rechts
legen und die gerade Seite schließen.
Den Boden rechts auf rechts an der Tasche mit Klammern befestigen. Sie eig-
nen sich für Wachstuch besser als Stecknadeln, da sie das Material nicht zerstechen. Anschließend zusammennähen,
dabei die Nahtzugabe von 1 cm beachten. Die Innentasche wird ebenso gearbeitet, hier muss jedoch an der geraden
Seite eine Wendeöffnung von 7 cm gelassen werden.

3 Beide Taschen rechts auf rechts ineinander stecken und die Oberkante
rundherum zusammennähen. Die Nahtzugabe vorsichtig einkürzen und die
Taschen durch die Wendeöffnung wenden. Ein Baumwolltuch über die Tasche
legen und die Oberkante bügeln. Das
Wachstuch nicht direkt mit dem Bügel-
eisen berühren! Die Oberkante knappkantig absteppen, anschließend die
Wendeöffnung schließen.

4 Drei Ösen nach Herstelleranleitung
gleichmäßig an der Oberkante anbringen und jeweils ein rosa Band einfädeln.
Die losen sechs Enden werden oben
verknotet und können nun aufgehängt
werden.

Individualisieren Sie dieses Täschchen mithilfe frecher Zeichnungen und versehen Sie es mit Namen – so geht nichts mehr verloren.

Kindergartentasche
viel Platz für allerlei Wechselsachen

GRÖSSE

27 cm x 35 cm

MATERIAL

* Oberstoff und Futterstoff: Baumwollstoff in Orangerot mit Marienkäfern, 60 cm x 70 cm
* Vlieseline, 30 cm x 70 cm
* Klarsichtfolie, 14 cm x 19 cm (z. B. von einem Schnellhefter)
* Gurtband in Pink, 70 cm lang
* Zackenlitze in Pink, 60 cm lang
* Knopf in Pink
* Klebeband

ZUSCHNITT

* Oberstoff und Futterstoff: 4x Tasche, 29 cm x 35 cm
* Vlieseline: 2x Tasche, 29 cm x 35 cm

1 Die Schnittteile zuschneiden und die Teile der Außentasche auf der linken Seite mit Vlieseline verstärken. Mittig auf der Vorderseite der Außentasche die Klarsichtfolie mit einigen Streifen Klebeband fixieren, sodass sie nicht verrutschen kann, und an den Seiten sowie an der Unterkante mit der Zackenlitze feststeppen. Einen Knopf und ein Reststück Zackenlitze an der unteren Ecke anbringen.

2 An der Oberkante der Außentasche das Gurtband in der Nahtzugabe fixieren, sodass auch dieses nicht verrutschen kann. Das Gurtband hat pro Seite einen Abstand von 8 cm zur Seitenkante.

3 Die Außentaschenteile rechts auf rechts legen und die Seitenkanten sowie den Boden zusammennähen. Ebenso die Innentasche nähen, hier jedoch eine Wendeöffnung von 15 cm an der Unterkante lassen.

4 Beide Taschen rechts auf rechts ineinander stecken, das Gurtband liegt dabei innen zwischen den Taschen. Die Oberkante rundherum zusammennähen. Die Nahtzugabe vorsichtig einkürzen und die Taschen durch die Wendeöffnung wenden. Vorsichtig wenden, damit die Folie nicht zu stark knittert. Die Oberkante gut bügeln und knappkantig absteppen. Anschließend die Wendeöffnung schließen.

Bezug für Mandarinenkisten

stilvoll und formschön verstauen

GRÖSSE
passend für
handelsübliche
Mandarinenkisten

MATERIAL
* Oberstoff: Baum-
  wollstoff in Türkis
  mit Blumen,
  65 cm x 50 cm
* Futterstoff: Vichy-
  karo-Baumwoll-
  stoff in Rosa,
  65 cm x 50 cm
* Volumenvlies,
  65 cm x 50 cm
* 8 Bänder in Rosa,
  je 20 cm lang

ZUSCHNITT
* Oberstoff:
  1x Schnittteil
  „Bezug"
* Futterstoff:
  1x Schnittteil
  „Bezug"
* Volumenvlies:
  1x Schnittteil
  „Bezug"

**SCHNITT-
MUSTER-
BOGEN 2A**

1 Die Schnittteile zuschneiden und den Oberstoff auf
der linken Seite mit Volumenvlies verstärken. Gemäß
Schnittteilmarkierung die acht Bänder in der Nahtzugabe fixieren.

2 Beide Schnittteile rechts auf rechts stecken, die Bänder liegen dabei innen zwischen den Schnittteilen,
rundherum zusammennähen. An einer Seite eine Wendeöffnung von 8 cm lassen. Nahtzugabe vorsichtig einkürzen, Ecken schräg zurückschneiden, wenden, bügeln
und rundherum knappkantig absteppen, dabei wird die
Wendeöffnung mit geschlossen.

3 Den fertigen Bezug in die Mandarinenkiste legen,
die Seiten umschlagen und die Bänder zu Schleifen
binden.

Mein Tipp für Sie

Größen variieren Experi-
mentieren Sie mit verschie-
denen Farben, Stoffmustern
und Designs. Verwenden
Sie außerdem unterschied-
liche Kistengrößen. Bei-
spielsweise lassen sich
auch Weinkisten oder alte
Kartons auf diese Weise
wunderbar aufpeppen und
neu gebrauchen.

Kaminholztasche

urig und ein nützlicher Helfer

1 Die Schnittteile zuschneiden und ein Schnittteil auf der linken Seite mit Volumenvlies verstärken. Beide Schnittteile rechts auf rechts stecken, rundherum zusammennähen. An einer Seite eine Wendeöffnung von 15 cm lassen. Die Nahtzugabe vorsichtig einkürzen, Ecken schräg zurückschneiden, wenden, bügeln und rundherum knappkantig absteppen, dabei wird die Wendeöffnung mit geschlossen.

2 Die vier Grifflaschen werden nach innen 5 cm eingeschlagen und in der Absteppnaht festgesteppt. Die Rundhölzer auf beiden Seiten hineinschieben.

3 Die Blüte wird aus dem Reststoff der Griffausschnitte gefestigt. Je zwei Teile rechts auf rechts legen und den Bogen zusammensteppen. Nahtzugabe einkürzen, wenden und bügeln. Mit einem langen Heftstich die gerade Kante absteppen, die Fadenenden lang lassen und nicht vernähen, daran ziehen und so die Blütenblätter zusammenraffen.

4 Die Blütenblätter zu einer Blume auf das Reststück Filz kleben oder nähen. Mit zwei Knöpfen auf die Kaminholztasche nähen.

GRÖSSE
50 cm x 32 cm

MATERIAL
* Oberstoff und Futterstoff: Baumwollstoff in Beige mit weinroten Streifen, 70 cm x 110 cm
* Volumenvlies, 65 cm x 50 cm
* 2 Rundhölzer, ø 1,4 cm, je 32 cm lang
* Filz in Beige, Rest
* 2 Knöpfe in Blau und Braun

ZUSCHNITT
* Oberstoff und Futterstoff: 2x Schnittteil „Tasche" 8x Schnittteil „Blüte"
* Volumenvlies: 1x Schnittteil „Tasche"
* Filz: 1x Kreis, ø 2 cm

SCHNITTMUSTERBOGEN 1B

Hülle für Schreibhefte
bringt Farbe in den Schultag

GRÖSSE
für DIN A5-Hefte

MATERIAL
* Oberstoff und Futterstoff: Baumwollstoff in Türkis mit Ornamenten, 60 cm x 60 cm
* Zackenlitze in Pink, 30 cm lang
* Webband mit Blumen, 13 cm lang
* Druckknopf in Türkis, ø 1 cm

ZUSCHNITT
* Oberstoff und Futterstoff:
  2x Hefthülle, 32,5 cm x 23,5 cm
  2x Einschubfach, 23,5 cm x 23,5 cm
  2x Schnittteil „Lasche"

SCHNITTMUSTER-BOGEN 2B

1 Die Schnittteile zuschneiden, die Einschubfächer links auf links legen und die Kante bügeln. Das Webband auf die Lasche steppen.

2 Beide Laschenteile rechts auf rechts legen, dazwischen die Zackenlitze stecken und zusammensteppen. Die gerade Seite bleibt offen. Die Nahtzugabe einkürzen, wenden, bügeln und die Lasche knappkantig von rechts absteppen.

3 Die Schnittteile in folgender Reihenfolge aufeinanderlegen: Die Außenseite der Hefthülle zeigt mit der rechten Seite nach oben, die Lasche an die linke Kante mittig legen. Die Rundung zeigt nach rechts, die rechte Seite liegt unten. Darauf werden an die rechte und linke Kante mit den offenen Seiten die Einschubfächer gelegt. Als Abschluss die Innenseite der Hefthülle mit der rechten Seite nach unten legen.

4 Als erstes werden die Seitenkanten geschlossen. Dafür zunächst eine offene Seitenkante eines Einschubfachs mit der darauf liegenden Seitenkante der Hefthülleninnenseite zusammensteppen. Auf diese Weise ebenso eine offene Seitenkante eines Einschubfachs mit der darunter liegenden Seitenkante der Hefthüllenaußenseite zusammensteppen. Auf diese Weise werden vier Seitennähte genäht. An einer Naht (Innenseite plus Einschubfach) muss eine Wendeöffnung von 8 cm gelassen werden.

5 Die Hüllenteile wieder flach aufeinander legen und die Oberkante und Unterkante mit einer geraden Naht schließen. Hierbei wird über alle Fächer genäht. Nahtzugabe einkürzen, Ecken schräg zurückschneiden, wenden und bügeln. Die Wendeöffnung schließen.

6 Druckknopf in die Lasche pressen, die Lasche einmal testweise schließen und die Stelle für das Gegenstück markieren. Das Gegenstück an der passenden Stelle in die Hefthülle pressen.

Mein Tipp für Sie

Bücherschutz Probieren Sie diese Anleitung auch für Bücher aus: Einfach einen passenden Stoff aussuchen, an den Maßen des gewünschten Buches orientieren und losnähen, und schon bekommt Ihr Lieblingsschmöker oder das dicke Wörterbuch eine bunte, schützende Hülle.

Julia Korff ist ausgebildete Bank-
kauffrau und hat in Hamburg und
Alicante, Spanien, Betriebswirt-
schaftslehre studiert. Anschließend hat sie im Verlagswesen in
Berlin und Kiel gearbeitet. Krea-
tives Arbeiten mit verschiedens-
ten Materialien war seit ihrer
Kindheit von großer Bedeutung.
Heute liegen ihre Interessen-
schwerpunkte im Nähen, Fotogra-
fieren, Schreiben und Zeichnen.
Diese Vorlieben hat sie in ihrer
Elternzeit gebündelt und ihr Label
lillesol & pelle gegründet, unter
dem sie nun eine Vielzahl von
Schnittmuster-E-Books zum Nähen von Taschen, Kinderkleidung
und Accessoires anbietet. Julia
Korff ist verheiratet und lebt mit
ihrem Mann und ihren beiden
kleinen Töchtern am Stadtrand
von Hamburg.
www.lillesolundpelle.de

DANKE!

Wir danken den Firmen Coats
GmbH, www.coatsgmbh.de, Prym
Consumer GmbH, www.prym-
consumer.com sowie Freudenberg
& Co. KG, www.freudenberg.de
für die Unterstützung bei diesem
Buch.

TOPP – Unsere Servicegarantie

WIR SIND FÜR SIE DA! Bei Fragen zu unserem umfangreichen
Programm oder Anregungen
freuen wir uns über Ihren Anruf
oder Ihre Post. Loben Sie uns,
aber scheuen Sie sich auch nicht,
Ihre Kritik mitzuteilen – sie hilft
uns, ständig besser zu werden.

Bei Fragen zu einzelnen Materialien oder Techniken wenden
Sie sich bitte an unseren Kreativ-
service, Frau Erika Noll.
mail@kreativ-service.info
Telefon 0 50 52 / 91 18 58

Das Produktmanagement
erreichen Sie unter:
pm@frechverlag.de
oder:
frechverlag
Produktmanagement
Turbinenstraße 7
70499 Stuttgart
Telefon 07 11 / 8 30 86 68

LERNEN SIE UNS BESSER KEN-
NEN! Fragen Sie Ihren Hobby-
fach- oder Buchhändler nach
unserem kostenlosen Kreativma-
gazin **Meine kreative Welt**. Darin
entdecken Sie halbjährlich die
neuesten Kreativtrends und inter-
essantesten Buchneuheiten.

Oder besuchen Sie uns im Internet! Unter **www.topp-kreativ.de**
können Sie sich über unser um-
fangreiches Buchprogramm infor-
mieren, unsere Autoren kennen-
lernen sowie aktuelle Highlights
und neue Kreativtechniken entdecken, kurz – die ganze Welt der
Kreativität.

Kreativ immer up to date sind
Sie mit unserem monatlichen
Newsletter mit den aktuellsten
News aus dem frechverlag,
Gratis-Anleitungen und attrakti-
ven Gewinnspielen.

IMPRESSUM

FOTOS: frechverlag GmbH, 70499 Stuttgart; lichtpunkt, Michael Ruder, Stuttgart
PRODUKTMANAGEMENT: Nina Armbruster
LEKTORAT: Anja Fuhrmann, Berlin
GESTALTUNG: Petra Theilfarth
DRUCK: frechdruck GmbH, 70499 Stuttgart   PRINTED IN GERMANY

Materialangaben und Arbeitshinweise in diesem Buch wurden von der Autorin und den Mitarbeitern des
Verlags sorgfältig geprüft. Eine Garantie wird jedoch nicht übernommen. Autorin und Verlag können für
eventuell auftretende Fehler oder Schäden nicht haftbar gemacht werden. Das Werk und die darin
gezeigten Modelle sind urheberrechtlich geschützt. Die Vervielfältigung und Verbreitung ist, außer für
private, nicht kommerzielle Zwecke, untersagt und wird zivil- und strafrechtlich verfolgt. Dies gilt insbe-
sondere für eine Verbreitung des Werkes durch Fotokopien, Film, Funk und Fernsehen, elektronische
Medien und Internet sowie für eine gewerbliche Nutzung der gezeigten Modelle. Bei Verwendung im
Unterricht und in Kursen ist auf dieses Buch hinzuweisen.

1. Auflage 2013

© 2013 **frechverlag** GmbH, 70499 Stuttgart

ISBN 978-3-7724-6910-7 • Best.-Nr. 6910